Herausgegeben von **mixtipp** Antje Watermann

Andrea Tomicek

Lieblings GESCHENKE

KREATIV WERDEN MIT DEM THERMOMIX®

LEMPERTZ

IMPRESSUM

Math. Lempertz GmbH
Hauptstraße 354
53639 Königswinter
Tel.: 02223 / 90 00 36
Fax: 02223 / 90 00 38
info@edition-lempertz.de
www.edition-lempertz.de

Dieses Kochbuch wurde nach bestem Wissen und Gewissen verfasst.
Weder der Verlag noch der Autor tragen die Verantwortung für ungewollte Reaktionen oder Beeinträchtigungen, die aus der Verarbeitung der Zutaten entstehen. Die Rezepte wurden mit Liebe getestet, aber nicht an Tieren.

Der Markenname „Thermomix" ist rechtlich geschützt und wird nur als Bestandteil der Rezepte verwendet. Für Schäden, die bei der Zubereitung der Gerichte an Personen oder Küchengeräten entstehen, wird keine Haftung übernommen.
Bitte beachte die Anwendungshinweise der Gebrauchsanweisung deines Thermomixgerätes.

LIKE US ON facebook www.facebook.com/MIXtippRezepte

Titelbild: Fotolia

Lektorat: Alina Groß, Annemarie Thon, Anna Lehmacher, Carmen Martin

Layout/Satz: Ralph Handmann

Gesamtherstellung: Print Consult GmbH, München

Printed and bound in Slovenia

ISBN: 978-3-96058-105-5

Fotos: © Andrea Tomicek

© fotolia: stock4all, monropic, anjelagr, Swetlana Wall, onlynuta, Sandra Thiele, angiolina, Sergii Mostovyi, frizza, Pixelot, S.Kobold, Natalia Klenova, mycountryclub, goldbany, laurha, TwilightArtPictures, Floydine, chattenoir, Brent Hofacker, baibaz, karandaev, annabell2012, Heike Raularisaboszhikova, tanacha, nataliafrei, farbkombinat, Hetizia, Comugnero Silvana, kristina rütten, la_vanda, sitriel, dolphy_tv, Viktor, Doris Heinrichs, mallivan, marysckin, racamani, 5ph, Michael Tewes, sugar0607, Sebastian Studio, fine-art-collection, ratmaner, letterberry, steinerpicture, Dar1930, Claude Calcagno, emmi, ji_images, IngridHS, ramonespelt, Pavlo Burdyak, stoleg, kubais, Eri, radachynskyi, Bobo, Anke van Wyk, Heike Rau, joanna wnuk, Bydlinska, Robert Kneschke, stockpics, Blend Images, photocrew, Arkady Chubykin, ulkas, Alena Ozerova, petrrgoskov, KatyaKatya

© Shutterstock: Aleksei Potov, HandmadePictures, stockcreations, marco mayer, Bildagentur Zoonar GmbH, Teri Virbickis, Topmasterchief

FSC
www.fsc.org
MIX
Papier aus verantwortungsvollen Quellen
FSC® C084279

Mit Liebe
handgemacht

INHALT

KUCHEN IM GLAS

AROMATISIERTER ZUCKER

SIRUPS & LIKÖRE

ROSIGE ZEITEN

WOHLFÜHLPRODUKTE

MIXT DU SCHON?

Liebe Thermomixfreunde,

wir kennen es doch alle, dieses Gefühl: Weihnachten, Omas runder Geburtstag oder der Besuch bei den Nachbarn stehen viel plötzlicher an als erwartet. Was soll man nur tun, wenn man keine Zeit mehr hat ein Geschenk zu besorgen?

Doch wofür hat man den Thermomix im Haus? Ja, du hast richtig gehört: Der praktische Allrounder kann dir nicht nur aus einem Küchen-, sondern auch aus dem Geschenkeschlamassel helfen! Ruckzuck zauberst du mit seiner Hilfe das passende Mitbringsel hervor.
Was kann es schöneres geben, als Freunde und Familie mit einem selbstgemachten Dankeschön für Körper und Gaumen zu beeindrucken? Wir vom Team MIXtipp waren jedenfalls direkt Feuer und Flamme für Andrea Tomiceks neueste Kreationen. Mit ihren Geschenken aus dem Thermomix wird es niemals langweilig – eine große Auswahl an Ölen, Chutneys, Senf, Likören, Sirups, Gewürzmischungen, Zucker oder sogar Peelings und Cremes hat sie zusammengestellt!
Mit der süßen Fliederbutter kannst du beim nächsten Brunchbüffet auftrumpfen, der Rumkandis erfreut sich bei der englischen Teatime größter Beliebtheit und deine Nachbarin wird dich nun sicherlich öfters einladen, wenn sie erst die Hawaii-Körperlotion auf ihrer Haut spüren durfte.
Mit deinen Mitbringseln und Geschenken aus dem Thermomix machst du zukünftig deinen Liebsten eine einzigartige und individuelle Freude. Hübsch verpackt werden sie nicht nur auf dem Gabentisch, sondern vor allem im Herzen einen besonderen Platz bekommen.

Nun aber ran an die Geräte! Der nächste Geburtstag steht sicherlich schon vor der Tür. Und was würde sich für solch einen Anlass besser eignen als ein selbstgemachtes Likörchen?
Wir vom Team MIXtipp wünschen dir viel Freude beim Ausprobieren und Verschenken deiner Kleinigkeiten!

Antje Watermann

Herausgeberin, Edition Lempertz

Der Thermomix

Was hätten deine Urgroßmutter und Großmutter wohl zu dem Thermomix gesagt – das reinste Hexenwerk, oder? Ich bin, seit ich den Thermomix für mich entdeckt habe, Thermomixerin mit viel Liebe und ganzem Herzblut. Und das, obwohl ich gestehen muss, dass ich ohne den Thermomix richtig gekannt zu haben, gesagt habe: „Blödsinn, so einen Schnickschnack brauche ich nicht – ich kann doch wohl kochen!"
Natürlich kann ich kochen und dies nach wie vor sehr gut. Aber mit dem Thermomix ist das Kochen und Schenken von Selbstgemachtem viel bequemer, schöner, entspannter, kreativer und um einiges schneller und noch besser mit dem gewissen Tüpfelchen auf dem i.
An Geschenkideen fehlt es nie und die Zeit zur Zubereitung und Herstellung nehme ich mir einfach.

Besonders wichtig ist mir beim Schenken auch die passende Präsentation. Deshalb kann ich an keinem Laden vorübergehen, in dem es Vorratsgläser zu kaufen gibt und freue mich unendlich, wenn ich auf einem Flohmarkt für kleines Geld schöne alte Flaschen oder Gläser in gutem Zustand finde. Liebevoll gefertigte Etiketten, schöne Bändchen, dicke Kordeln, Rezeptanleitungen, und auch angehängte Ausstechförmchen, Blumen oder andere Kleinigkeiten gehören für mich zum Schenken dazu.

Wann kann man schenken?

Tolle Gelegenheiten zum Schenken bieten sich viele im Jahr. Hast du zum Beispiel schon einmal Erinnerungen verschenkt? Als Gastgeber einer Feier kannst du deinen Gästen Kleinigkeiten schenken, wie selbstgemachte Butter. Immer wenn sie die Butter benutzen, werden sie automatisch an das schöne Fest bei dir erinnert und an die tolle Zeit, die ihr gemeinsam verbracht habt.
Ein Geschenk kann auch als Aufmunterung gemeint sein, als kleine Aufmerksamkeit oder einfach für die Grillparty oder einen Brunch mitgebracht werden.
Beschenke dich doch mal selbst. Mit einer tollen Verwöhnkur für deine Haare und einem Kuchen im Glas kannst du dir eine Auszeit vom stressigen Alltag nehmen.
Für Geschenke braucht man aber nicht immer eine Gelegenheit. Besonders schön sind doch die Geschenke, mit denen wir am wenigsten rechnen, da es eigentlich keinen Anlass zum Schenken gibt. Solche Geschenke zwischendurch sind tolle Möglichkeiten, um zum Beispiel „Danke" oder „Entschuldigung" zu sagen.

Das Schenken

Zum Schenken eignen sich sowohl süße als auch herzhafte Leckereien sowie auch Dinge zum „schön sein" wie Körperpeelings. Der Kreativität sind keine Grenzen gesetzt, laut dem römischen Philosophen und Dramatiker Lucius Annaeus Seneca ist der geschenkte Gegenstand sowieso zweitrangig: „Das wahre Geschenk besteht nicht in dem, was gegeben oder getan wird, sondern in der Absicht des Gebenden oder Handelnden."
Ein nicht alltägliches Geschenk, mit Bedacht für den Beschenkten ausgewählt, kommt von Herzen. Denn seien wir ehrlich: Vasen, Teller, Tassen, Figürchen und Nippes haben wir meist mehr als genug. Aber solch ein selbstgemachtes, schön verziertes Geschenk macht Freude und zeigt uns, dass wir einer anderen Person wichtig sind.

Geschichte und Hintergrund des Schenkens

Pro Jahr gibt der durchschnittliche Deutsche alleine für Weihnachtsgeschenke 228 Euro aus, für ein Geburtstagsgeschenk rechnet er 135 Euro. Das sind immense Summen, die ganz schön auf den Geldbeutel drücken. Doch warum messen wir dem Schenken einen so großen Wert bei? Ganz einfach: Weil Schenken die größte Freude ist, nicht nur, weil wir lieben Menschen etwas Gutes tun, sondern auch, weil meist ein kleines Leckerli für uns dabei rumkommt.
Wir schenken, um einem anderen zu zeigen, dass wir ihn mögen, um uns zu versöhnen oder eine Feindschaft zu überwinden. Schenken ist also ein zutiefst soziales Verhalten. Dazu passt der Ausspruch „Geschenke sind wie Angelhaken", den der römische Dichter Marcus Valerius Martial bereits im ersten Jahrhundert nach Christus machte. Mit einem selbstgemachten Geschenk „angeln" wir nach einer sozialen Bindung mit dem Beschenkten, denn ein gemachtes Geschenk verlangt ein Gegengeschenk, es bindet den Beschenkten an uns.

Wusstest du übrigens schon, dass das Schenken ursprünglich auf das Brautwerbe- bzw. Brutpflegeverhalten zurückgeht?

Viel Spaß beim Verschenken

Deine Andrea

ÖLE, DRESSINGS & GEWÜRZ-MISCHUNGEN

4 Flaschen | 5-6 Tage | leicht

BÄRLAUCHÖL

Zubereitungszeit: 5 Minuten
Ruhezeit: 5-6 Tage
Utensilien: 1 großes Twist-Off-Glas, 1 feines Haarsieb, 4 Flaschen à 200 ml, abgekocht
Zutaten für 4 Flaschen

- 100 g Bärlauch, gewaschen
- 750 g Rapsöl

mixtipp
Du kannst das Bärlauchöl natürlich auch mit anderen Ölsorten herstellen.

1. Tupfe den gewaschenen Bärlauch mit Küchenpapier trocken und gib ihn zusammen mit 250 g von dem Öl in den Mixtopf. Püriere ihn darin 1 Minute/ Stufe 6 und erhöhe dabei die Stufe sukzessive auf 8 und 10.

2. Schiebe die Stücke mit dem Spatel nach unten, gieße das restliche Öl ein und vermenge alles 15 Sekunden/ Stufe 3.

3. Fülle das Bärlauchöl anschließend in ein großes Twist-Off-Glas und lass es darin 5-6 Tage ziehen. Schüttle es mehrmals am Tag gut durch.

4. Siebe zu guter Letzt das Bärlauchöl durch ein feines Haarsieb und fülle es in schöne Flaschen ab. Das Öl ist an einem dunklen und kühlen Ort ca. 8 Monate haltbar.

mixtipp
Du musst das Öl nicht unbedingt filtern.

2 Flaschen | 4-6 Tage | leicht

ORANGENÖL

Zubereitungszeit: 5 Minuten
Ruhezeit: 4-6 Tage
Utensilien: 1 großes Twist-Off-Glas, 1 feines Sieb, 2 Flaschen à 100 ml, abgekocht
Zutaten für 2 Flaschen

3 Bio-Orangen

200 g Olivenöl, mild

mixtipp
Wenn du Zitronengeschmack lieber magst, kannst du die Orangen auch durch Zitronen ersetzen.

1. Schäle als Erstes mit einem Sparschäler die Haut der Orangen dünn ab. Achte darauf, dass du dabei keine weiße Haut mit abschälst.

2. Zerkleinere nun im Mixtopf die Orangenschale 15 Sekunden/ Stufe 7. Fülle die zerkleinerte Schale in ein größeres Twist-Off-Glas um und gieße das Öl ein.

3. Verschließe das Glas und schüttle es mit den Händen gut durch. Stelle das Glas am besten dorthin wo du es täglich siehst, beispielsweise auf einer Fensterbank, und schüttle es täglich kurz durch. Achte darauf, dass das Glas nie in der prallen Sonne steht.

4. Nach 4-6 Tagen filterst du das Öl durch ein feines Sieb und gießt es in die Flaschen.

mixtipp

Du kannst das Orangenöl noch verfeinern, indem du eine aufgeschnittene Vanilleschote hineingibst.

2 Flaschen | 15 Min. | leicht

KNOBLAUCH-CHILI-ÖL

Zubereitungszeit: 15 Minuten
Utensilien: 1 feines Haarsieb, 2 Flaschen à 75 ml, abgekocht
Zutaten für 2 Flaschen

- 1 große Chilischote
- 3 Knoblauchzehen
- 150 g Erdnussöl
- 2 EL bunter Pfeffer

1. Zerkleinere im Mixtopf die Chilischote und die Knoblauchzehen 4 Sekunden/ Stufe 8 und fülle sie anschließend in ein Schälchen.

2. Gieße das Öl in den Mixtopf und erhitze es 3 Minuten/ 100°C/ Stufe 1.

3. Gib nun den Pfeffer, die zerkleinerte Chili und Knoblauchzehen hinzu und erhitze alles 10 Minuten/ 90°C/ Linkslauf/ Stufe 2.

4. Lass die Mischung auskühlen und gieße sie dann durch ein Haarsieb.

5. Fülle das Öl in schön beschriftete Flaschen. Das Öl ist gekühlt ca. 8 Monate haltbar.

2 Flaschen | 15 Min. | leicht

KAFFEEÖL

Zubereitungszeit: 15 Minuten
Utensilien: 1 feines Haarsieb, 2 Flaschen à 75 ml, abgekocht
Zutaten für 2 Flaschen

40 g	Kaffeebohnen, ganz
100 g	Olivenöl, mild
50 g	Agavendicksaft

mixtipp
Das Kaffeeöl schmeckt sehr lecker zu Vanilleeis und Erdbeeren.

1. Mahle als Erstes die Kaffeebohnen im Mixtopf 6 Sekunden/ Stufe 8.

2. Gieße anschließend das Öl ein und erwärme die Mischung 2 Minuten/ 50°C/ Stufe 1. Danach lässt du die Mischung 4 Minuten/ 80°C/ Stufe 1 aromatisieren.

3. Lass das Öl 5 Minuten abkühlen und filtere es durch ein sehr feines Haarsieb.

4. Gib nun das gefilterte Öl und den Agavendicksaft in den Mixtopf und vermenge beides 3 Sekunden/ Stufe 3.

5. Fülle die Mischung anschließend in Flaschen und lass sie abkühlen.

6. Da sich eine Emulsion bildet, solltest du die Mischung vor Gebrauch gut durchschütteln. Das Öl ist ca. 3 Monate haltbar.

mixtipp

Stelle das Öl zum Abkühlen nicht in den Kühlschrank, da das Olivenöl sonst ausflockt.

1 Salat | 5 Min. | leicht

DRESSING FÜR DURSTIGE

Zubereitungszeit: 5 Minuten
Zutaten für 1 Salat

- 2 Schalotten, halbiert
- 4 EL Rapsöl
- 100 g Gemüsebrühe
- 3 EL Weißweinessig
- 1 Prise Salz
- 1 Prise Pfeffer
- 1 Prise Zucker

1. Zunächst zerkleinerst du die Schalotten im Mixtopf 3 Sekunden/ Stufe 6. Schiebe die Stücke mit dem Spatel nach unten.

2. Gib Öl in den Mixtopf hinzu und dünste die Schalotten 2 Minuten/ 100°C/ Stufe 1 an. Lösche das Ganze anschließend mit der Gemüsebrühe ab.

3. Füge nun Weißweinessig, Salz, Pfeffer und Zucker in den Mixtopf dazu und schlage die Mischung 10 Sekunden/ Stufe 6 auf.

4. Gib das Dressing noch warm über den Kartoffel- oder Bohnensalat.

1 Flasche | 2 Min. | leicht

ASIA DRESSING

Zubereitungszeit: 2 Minuten
Utensilien: 1 Flasche à 300 ml, abgekocht
Zutaten für 1 Flasche

30 g Reisessig
30 g Apfelessig
40 g helle Sojasauce
120 g Sesamöl
40 g Orangensaft
1 EL Zucker
½ TL Salz
½ TL Sesam zum Bestreuen

1. Gib Reisessig, Apfelessig, Sojasauce, Sesamöl, Orangensaft, Zucker und Salz in den Mixtopf und schlage die Mischung 20 Sekunden/ Stufe 8 auf.

2. Fülle das Dressing anschließend in eine Flasche und bewahre es kühl auf. Schüttle es vor dem Gebrauch kurz durch. Serviere den Salat mit dem Dressing und streue etwas Sesam darüber.

mixtipp

Wenn du es gern fruchtig magst, gib ein paar Granatapfelkerne in den Salat. Auch Tomaten schmecken als Einlage im Salat sehr lecker dazu.

1 Flasche | 5 Min. | leicht

FRISCHES FRANKFURTER DRESSING

Zubereitungszeit: 5 Minuten
Utensilien: 1 Twist-Off-Flasche à 100 ml, abgekocht
Zutaten für 1 Flasche

2 Stängel Petersilie
2 Stängel Dill
2 Stängel Kerbel
2 Stängel Pimpinelle
2 Stängel Sauerampfer
2 Stängel Estragon
2 Stängel Majoran
1 Schalotte, halbiert
2 EL Orangensaft
3 EL Essig
4 EL Sonnenblumenöl
1 Prise Salz
1 Prise Pfeffer
1 große Prise Zucker

1. Wasche die Kräuter und tupfe sie trocken. Zupfe die Blätter von den Stielen ab und zerkleinere die Blätter von Petersilie, Dill, Kerbel, Pimpinelle, Sauerampfer, Estragon und Majoran zusammen mit der halbierten Schalotte im Mixtopf 3 Sekunden/ Stufe 8. Schiebe die Mischung mit dem Spatel nach unten.

2. Füge Orangensaft, Essig, Öl, Salz, Pfeffer und Zucker hinzu und vermenge alles 10 Sekunden/ Stufe 5.

3. Fülle das fertige Dressing in eine Twist-Off-Flasche.

mixtipp
Das Dressing ist perfekt für einen Sommersalat (z.B. zu Kopf-, Eichblatt- oder Eisbergsalat)!

1 Glas | 10 Min. | leicht

CARIBBEAN-RUB – KRÄUTERGEWÜRZMISCHUNG FÜR GRILLGUT

Zubereitungszeit: 10 Minuten
Utensilien: 1 Schraubglas à 100 ml, abgekocht
Zutaten für 1 Glas

- 1 EL Fenchelsaat
- 1 Bio-Zitrone
- 2 Bio-Orangen
- 2 TL grobes Meersalz
- 10 g brauner Rohrzucker
- 1 kleine Chilischote, halbiert
- 5 Zweige Thymian, alternativ 1 TL getrocknet
- 1 TL Paprikapulver
- 1 kleine Knoblauchzehe

1. Röste die Fenchelsaat in einer beschichteten Pfanne bei mittlerer Hitze an, bis sie anfängt zu duften, und stelle sie zum Abkühlen beiseite.

2. Wasche nun die Zitrone und die Orangen unter warmem Wasser ab, trockne sie und schäle mit einem Sparschäler vorsichtig die Schale ab. Achte darauf, dass du dabei nicht die weiße Haut entfernst.

3. Gib nun die Schalen, Meersalz, Zucker, Chilischote, Thymian, Paprikapulver, Knoblauch und die abgekühlte Fenchelsaat in den Mixtopf und zerkleinere alles 5 Sekunden/ Stufe 8. Fertig ist deine Kräutermischung.

4. Fülle sie zum Verschenken in das Glas oder würze damit dein Fleisch. Die Würzmischung ist für 500 g Fleisch oder Gemüse ausreichend.

mixtipp

Die Kräutermischung lässt sich perfekt für Gemüse oder Hähnchen verwenden.

1 Glas | 5 Min. | leicht

GEWÜRZMISCHUNG ZU BARTKARTOFFELN –
SCHÖN DEFTIG

Zubereitungszeit: 5 Minuten
Utensilien: 1 Schraubglas à 100 ml, abgekocht
Zutaten für 1 Glas

- 2 TL Kümmel
- 1 TL schwarze Pfefferkörner
- 1 TL brauner Rohrzucker
- ½ TL Paprikapulver, edelsüß
- 1 Knoblauchzehe
- 6 Zweige Majoran, alternativ 1 TL getrocknet
- 2 TL grobes Meersalz

mixtipp
Es verleiht Schweinefleisch eine orientalische Note. Damit machst du die leckerste Schweinshaxe – jedoch mal nicht bayrisch.

1. Für die Gewürzmischung gibst du Kümmel, Pfefferkörner, Zucker, Paprikapulver, Knoblauch, Majoran und Meersalz in den Mixtopf und zerkleinerst alles 6 Sekunden/ Stufe 8.

2. Wenn du die Gewürzmischung verschenken möchtest, füllst du sie in das Glas ab. Ansonsten kannst du ca. 500 g Kartoffeln damit würzen.

1 Glas | 5 Min. | leicht

GEWÜRZMISCHUNG MAL ANDERS – ASIA-RUB

Zubereitungszeit: 5 Minuten
Utensilien: 1 Schraubglas à 100 ml, abgekocht
Zutaten für 1 Glas

3 EL	Sesamsaat
2	Noriblätter, in Stücken (getrocknete Alge, Asialaden)
2 EL	schwarze Pfefferkörner
2 EL	Rohrzucker, braun
1	Knoblauchzehe, geschält
1 EL	grobes Meersalz

mixtipp

Die Gewürzmischung ist ein willkommenes Geschenk für Asia-Fans. Sie schmeckt leicht herb und veredelt jeden Fisch ob gegrillt oder in der Pfanne gebraten.

1. Röste den Sesam in einer beschichteten Pfanne an, bis er duftet. Anschließend füllst du ihn in eine separate Schüssel und lässt ihn abkühlen.

2. Gib nun Noriblätter, Pfefferkörner, Rohrzucker, Knoblauch, Meersalz und Sesam in den Mixtopf. Vermische alles 6 Sekunden/ Stufe 8.

3. Wenn du den Asia-Rub verschenken möchtest, fülle ihn in ein Glas ab. Ansonsten kannst du ca. 500 g Fisch auch direkt damit würzen.

1 Glas | 5 Min. | leicht

GEWÜRZMISCHUNG
INDISCHER INGWER-RUB

Zubereitungszeit: 5 Minuten
Utensilien: 1 Schraubglas à 100 ml, abgekocht
Zutaten für 1 Glas

- 2 TL Fenchelsaat
- 2 Bio-Zitronen
- 1 TL grobes Meersalz
- 1 TL Kurkuma
- 1 TL schwarze Pfefferkörner
- 1 TL brauner Rohrzucker
- 5 g Ingwer, geschält
- 1 Knoblauchzehe, geschält

mixtipp
Die frische, zitronige India-Note passt sehr gut zu Kurzgebratenem, z.B. zu Minutensteaks oder Lachs.

1. Röste die Fenchelsaat in einer beschichteten Pfanne, bis sie duftet. Fülle sie danach in eine separate Schüssel um und lass sie abkühlen.

2. Wasche die Zitrone unter heißem Wasser und trockne sie anschließend ab. Schäle mit einem Sparschäler die Schale vorsichtig in den Mixtopf. Achte darauf, dass du die weiße Haut nicht mit abschälst, sonst wird die Gewürzmischung bitter.

3. Gib nun das Meersalz, Kurkuma, Pfefferkörner, Rohrzucker, Ingwer, Knoblauch und die abgekühlte Fenchelsaat in den Mixtopf. Mahle die Mischung 4 Sekunden/ Stufe 8 fein.

4. Fülle die fertige Mischung zum Verschenken in ein schönes Schraubglas, oder würze 500 g Fisch oder Fleisch direkt damit.

1 Glas | 5 Min. | leicht

KAFFEE-CHILI-RUB – GEWÜRZMISCHUNG FÜR GRILLGUT

Zubereitungszeit: 5 Minuten
Utensilien: 1 Schraubglas à 100 ml, abgekocht
Zutaten für 1 Glas

- 1 EL Kaffeebohnen
- 2 TL grobes Meersalz
- 2 TL brauner Rohrzucker
- 1 EL schwarze Pfefferkörner
- 1 kleine Chilischote, halbiert
- 1 Knoblauchzehe

1. Zerkleinere Kaffeebohnen, Meersalz, Zucker, Pfefferkörner, Chilischote und Knoblauchzehe im Mixtopf 5 Sekunden/ Stufe 8.

2. Nun kannst du die Gewürzmischung als Geschenk in ein hübsch beschriftetes Glas füllen oder als Gewürz für 500 g Rindfleisch verwenden.

mixtipp

Passt ideal zu T-Bone-Steaks oder gegrillter Rinderbrust. Beim Grillen entsteht eine dicke Kruste, die das Fleisch wunderbar zart und saftig hält.

BUTTER & AUFSTRICHE

3 Gläser | 10 Min. | leicht

SÜSSE FLIEDERBUTTER

Zubereitungszeit: 10 Minuten
Utensilien: 3 Twist-Off-Gläser à 50 ml, abgekocht
Zutaten für 3 Gläser

125 g Butter, weich, in Stücken
15 g Blütenhonig
2 EL getrocknete Fliederblüten

mixtipp

Ein leckeres, außergewöhnliches Gastgeschenk oder Mitbringsel zum Sonntagsbrunch.

mixtipp

Klappt auch gut mit Holunder- oder Lavendelblüten!

1. Für die Fliederbutter setzt du den Schmetterling auf die Klinge und gibst die Butterstücke in den Mixtopf. Rühre diese darin ohne Zeiteinstellung auf Stufe 3 schaumig auf.

2. Als Nächstes fügst du den Honig und 1 EL Fliederblüten durch die Deckelöffnung hinzu und verrührst das Ganze erneut 15 Sekunden/ Stufe 3. Achte darauf, dass alles gut vermengt ist. Wenn nicht, wiederhole die Einstellung.

3. Nimm den Schmetterling von der Klinge und fülle die Butter mit Hilfe des Spatels in einen Spritzbeutel mit Sternaufsatz. Verteile die Butter nun mit dem Spritzbeutel auf die Gläser, dekoriere sie mit den restlichen Fliederblüten und verschließe die Gläser. Stelle sie zur Kühlung in den Kühlschrank.

1 Glas | 2 h 5 Min. | leicht

KRESSEBUTTER

Zubereitungszeit: 5 Minuten
Ruhezeit: 2 Stunden
Utensilien: 1 Twist-Off-Glas à 150 ml, abgekocht
Zutaten für 1 Glas

- 1 Kästchen Kresse
- 1 Knoblauchzehe
- 125 g Butter, weich, in Stücken
- Saft von ½ Zitrone
- 1 Prise Salz

1. Zerkleinere die Kresse und die Knoblauchzehe mit Butter, Zitronensaft und Salz im Mixtopf 12 Sekunden/ Stufe 5.

2. Fülle die Masse in das Glas oder in einen Spritzbeutel und spritze Rosetten daraus.

3. Stelle anschließend die Kressebutter für 2 Stunden in den Kühlschrank, bevor du sie servierst oder verschenkst.

mixtipp
Die Butter kannst du perfekt auf Vorrat einfrieren. Wenn du sie als Rosetten einfrierst, kannst du sie einzeln entnehmen und hast sie somit immer schnell zur Hand.

mixtipp
Sie ist ein leckerer Aufstrich und ein perfekter Begleiter zu Gemüse oder Kartoffeln.

2 Gläser | 25 Min. | leicht

SPARGELBUTTER

Zubereitungszeit: 25 Minuten
Utensilien: 2 Twist-Off-Gläser à 120 ml, abgekocht
Zutaten für 2 Gläser

100 g weißer Spargel, geschält
250 g Wasser
125 g Butter, in Stücken
½ TL Salz
4 Msp. schwarzer Pfeffer, gemahlen
½ TL Rosa Beeren (Rosa Pfeffer, z.B. von Fuchs)

mixtipp

Ich nehme dazu gerne Spargel, der vom Spargelessen übrig geblieben ist oder koche gleich mehr, da die Spargelbutter so wunderbar lecker schmeckt.

1. Schneide den sorgsam geschälten Spargel in 3 cm breite Stücke und gib diese in das Garkörbchen.

2. Gieße das Wasser in den Mixtopf und hänge das Garkörbchen ein. Lass den Spargel darin 15 Minuten/ Varoma/ Stufe 1 garen. Tropfe ihn anschließend gut ab und lass ihn abkühlen.

3. Gieße das Wasser aus dem Mixtopf und gib die Butter hinein. Rühre die Butter darin 20 Sekunden/ Stufe 4 cremig und würze sie dann mit Salz und Pfeffer.

4. Verrühre erneut alles ohne Zeiteinstellung auf Stufe 4 und gib nach und nach den gekochten Spargel durch die Deckelöffnung dazu. Lass das ganze so lange rühren, bis sich eine homogene Masse ergibt. Lass zum Schluss die Rosa Beeren durch die Deckelöffnung einrieseln.

5. Nun kannst du die Butter in die Gläser füllen und kaltstellen.

mixtipp
Wenn du die Butter verschenken möchtest, fülle sie in einen Spritzbeutel und spritze sie als Rosette in ein Gläschen. Verziere die Butter mit einer Spargelspitze und Rosa Beeren.

1 Glas | 1 h 20 Min. | leicht

MARGARINE SELBSTGEMACHT

Zubereitungszeit: 1 Stunde 20 Minuten
Utensilien: 1 Twist Off Glas, à 200 ml, abgekocht
Zutaten für 1 Glas

50 g festes Pflanzenfett, z.B. Kokosfett, in Stücken
90 g Pflanzenöl, z.B. Raps-, Walnuss- oder Sonnenblumenöl
1 Eigelb, frisch, Größe M
1 EL Milch
1 Prise Salz
5 g Zitronensaft

mixtipp
Die selbstgemachte Margarine ist ein tolles Geschenk für jede Grillparty, Fest oder jeden Anlass.

1. Schmelze die Pflanzenfettstücke im Mixtopf 5 Minuten/ 50°C/ Stufe 1 und gieße währenddessen das Öl löffelweise durch die Deckelöffnung ein. Lass die Mischung 5 Minuten abkühlen.

2. Anschließend gibst du Eigelb, Milch, Salz und Zitronensaft hinzu und verrührst alles 3 Sekunden/ Stufe 4.

3. Stelle den Mixtopf mit der Margarine zur Kühlung 1 Stunde in den Kühlschrank.

4. Nach der Kühlung setzt du den Schmetterling auf die Klinge und rührst die Margarine ohne Zeiteinstellung auf Stufe 3 cremig auf.

5. Jetzt kannst du die cremige Margarine in das Glas füllen. Diese ist im Kühlschrank aufbewahrt ca. 2 Wochen haltbar.

mixtipp

Variiere deine Margarine nach Wunsch z.B. mit Chili, rosa Pfefferkörnern, Ras el Hanout oder mit frischen oder getrockneten Kräutern.

2 Gläser | 20 Min. | leicht

APRIKOSENPASTE

Zubereitungszeit: 20 Minuten
Utensilien: 2 Twist-Off-Gläser à 250 ml, abgekocht
Zutaten für 2 Gläser

- 200 g getrocknete Aprikosen
- 300 g Apfelsaft
- 2 Msp. Piment
- 1 ½ EL Zitronensaft
- 20 g Honig
- 1 EL gehackte Pistazienkerne

1. Als Erstes hackst du die getrockneten Aprikosen im Mixtopf 2 Sekunden/ Stufe 7 grob. Schiebe die Stücke mit dem Spatel nach unten.

2. Füge den Apfelsaft und den Piment hinzu und erhitze die Mischung 5 Minuten/ Varoma/ Stufe 1.

3. Setze den Messbecher ab und koche die Mischung weitere 12 Minuten/ 90°C/ Stufe 2.

4. Als Nächstes gibst du den Zitronensaft und den Honig dazu und pürierst alles 12 Sekunden/ Stufe 4 und erhöhst dabei sukzessive von Stufe 4 auf Stufe 6, Stufe 8 und 10.

5. Fülle die Masse in die Gläser um und bestreue sie mit den gehackten Pistazienkernen. Die Paste ist im Kühlschrank ca. 1 Woche haltbar.

mixtipp

Die Aprikosenpaste schmeckt sehr gut auf frischen Brötchen zum Sonntagsfrühstück und ist ein geschätztes Geschenk.

mixtipp

Statt der getrockneten Aprikosen kannst du auch andere Trockenfrüchte wie Pflaumen, Äpfel oder Pfirsiche verwenden.

2 Gläser | 5 Min. | leicht

CURRYAUFSTRICH
MIT MANGO

Zubereitungszeit: 5 Minuten
Utensilien: 2 Twist-Off-Gläser à 250 ml, abgekocht
Zutaten für 2 Gläser

- 1 Mango
- 200 g Frischkäse
- 2 EL Joghurt
- 2 EL Currypulver
- 1 Prise Cayennepfeffer
- 1 Prise Salz
- 1 Prise Zucker
- 1 Spritzer Zitronen- oder Limettensaft

mixtipp
Du kannst den Aufstrich mit 1 TL Waldhonig verfeinern.

1. Schäle als Erstes die Mango und schneide sie in grobe Stücke. Gib die Mangostücke in den Mixtopf und püriere sie 3 Sekunden/ Stufe 6.

2. Füge nun Frischkäse, Joghurt, Curry, Cayennepfeffer, Salz, Zucker und den Spritzer Zitronen- oder Limettensaft hinzu und verrühre alles 10 Sekunden/ Stufe 3.

mixtipp
Dieser Aufstrich eignet sich sehr gut für ein Pausenbrot mit Putenbrust.

1 Glas | 5 Min. | leicht

BÄRLAUCH-KRÄUTERCREME

Zubereitungszeit: 5 Minuten
Utensilien: 1 feine Reibe, 1 Twist-Off-Glas à 300 ml, abgekocht
Zutaten für 1 Glas

10 Bärlauchblätter
5 Petersilienstängel, glatt
1 Frühlingszwiebel, alternativ 8 Schnittlauchhalme
5 Thymianzweige
1 Bio-Zitrone
300 g Schmand
1 Prise Cayennepfeffer

1. Als Erstes zerkleinerst du den Bärlauch, die Petersilie, die Frühlingszwiebel und den Thymian im Mixtopf 3 Sekunden/ Stufe 6. Schiebe die Stücke mit dem Spatel nach unten.

2. Wasche die Zitrone unter warmem Wasser ab, trockne sie und reibe mit einer feinen Reibe die Schale in den Mixtopf. Anschließend presst du mit einer Saftpresse den Saft aus der Zitrone und gießt ihn in den Mixtopf.

3. Gib nun auch den Schmand und den Cayennepfeffer dazu und verrühre alles 10 Sekunden/ Linkslauf/ Stufe 5.

4. Fülle die Creme anschließend in das Glas.

mixtipp
Nach der Bärlauchzeit kannst du auch ein Kressebeet oder rote Kresse und 1 Knoblauchzehe verwenden.

2 Gläser | 5 Min. | leicht

PARMESANCREME

Zubereitungszeit: 5 Minuten
Utensilien: 2 Twist-Off-Gläser à 150 ml, abgekocht
Zutaten für 2 Gläser

150 g Parmesan, in Stücken
140 g Butter, weich
2 EL Weißwein
1 Kästchen Kresse
Salz, nach Belieben
Cayennepfeffer, nach Belieben

1. Zerkleinere den Parmesan im Mixtopf 20 Sekunden/ Stufe 10.

2. Gib die Butter und den Wein dazu und verrühre alles 4 Sekunden/ Stufe 3.

3. Füge die Kresse hinzu und verrühre noch mal alles 2 Sekunden/ Stufe 3.

4. Schmecke zu guter Letzt die Creme mit Salz und Cayennepfeffer ab und fülle sie dann in die Gläser.

5. Stelle sie zur Kühlung in den Kühlschrank, oder friere sie ein. Somit hast du immer einen leckeren Snack parat.

mixtipp
Die Creme sieht sehr schön aus, wenn du sie mit einem Spritzbeutel zu Rosetten ausspritzt.

2 Gläser | 50 Min. | leicht

MARONENAUFSTRICH

Zubereitungszeit: 50 Minuten
Utensilien: 2 Twist-Off-Gläser à 120 ml, abgekocht
Zutaten für 2 Gläser

30 g Zucker
½ Vanilleschote, getrocknet, in Stücken
300 g Maronen
1700 g Wasser, lauwarm
20 g Butter, weich
10 g Zitronensaft

mixtipp
Du kannst den Aufstrich schneller herstellen, indem du schon vorgekochte Maronen verwendest.

1. Pulverisiere als Erstes den Zucker und die Vanilleschote im Mixtopf 10 Sekunden/ Stufe 10. Da der Zucker sehr staubt, warte 1 Minute bevor du den Deckel öffnest und fülle die Zucker-Vanille-Mischung in ein separates Schälchen um.

2. Wasche die Maronen, schneide sie mit einem Messer an der spitzen Seite ein und lege sie dann ins Garkörbchen.

3. Gieße das Wasser in den Mixtopf, setze das Garkörbchen ein und gare die Maronen darin, ohne den Messbecher einzusetzen, 40 Minuten/ Varoma/ Stufe 1. Schäle im Anschluss die noch heißen Maronen, entferne dabei die braunen Innenhäute und gib sie zum Auskühlen in den Mixtopf.

4. Gib nun die Butter, den Zitronensaft und die Zucker-Vanille-Mischung dazu und verrühre alles ohne Zeiteinstellung auf Stufe 2. Erhöhe währenddessen sukzessive die Stufeneinstellung auf 4, 6 und 8.

5. Fülle den Aufstrich in die Gläser und genieße ihn mit einem Vollkornbrötchen. Der Maronenaufstrich ist im Kühlschrank ca. 1 Woche haltbar.

mixtipp
Wenn du es lieber pikant magst, rühre 3 EL Frischkäse, 5 g Zitronensaft und etwas Cayennepfeffer ein.

2 Gläser | 5 Min. | leicht

HUMMUS

Zubereitungszeit: 5 Minuten
Utensilien: 2 Twist-Off-Gläser à 250 ml, abgekocht
Zutaten für 2 Gläser

400 g Kichererbsen aus der Dose, (Abtropfgewicht: 265 g)
1 Knoblauchzehe
Saft von 1 Bio-Zitrone
100 g Tahini (Sesampaste)
60 g Olivenöl
¼ TL Salz
3 Msp. schwarzer Pfeffer

1. Gib die abgetropften Kichererbsen, die Knoblauchzehe und den Zitronensaft in den Mixtopf und püriere alles 10 Sekunden/ Stufe 9.

2. Würze den Hummus mit Tahini, Olivenöl, Salz und Pfeffer und verrühre alles 30 Sekunden/ Stufe 6 zu einer homogenen Masse.

3. Schmecke den Hummus noch mal ab und fülle ihn dann in die Gläser. So schnell ist dein Party-Highlight-Begleiter fertig!

1 Glas | 5 Min. | leicht

MANDEL-GREMOLATA

Zubereitungszeit: 5 Minuten
Utensilien: 1 feine Reibe,
1 Twist-Off-Glas à 100 ml, abgekocht
Zutaten für 1 Glas

- 80 g Mandeln, geschält
- 1 Bio-Zitrone
- 1 Chilischote, halbiert
- 1 Bund Petersilie, glatt, ohne dicke Stiele
- 1 Knoblauchzehe
- 1 Prise Zucker
- 1 Prise Salz

1. Röste als Erstes die Mandeln bei mittlerer Hitze in einer beschichteten Pfanne goldgelb an und lass sie abkühlen.

2. Währenddessen wäschst du die Zitrone unter warmem Wasser, trocknest sie ab und reibst mit einer feinen Reibe die Schale in den Mixtopf.

3. Füge nun auch die Chilischote, Petersilie, Knoblauch, Zucker, Salz und die abgekühlten Mandeln hinzu und zerkleinere alles 3 Sekunden/ Stufe 8. Schiebe die Stücke mit dem Spatel nach unten und zerkleinere alles erneut 3 Sekunden/ Stufe 6.

4. Fülle die Gremolata nun in das Twist-Off-Glas.

mixtipp
Die Gremolata schmeckt hervorragend zu Pasta.

1 Glas | 10 Min. | leicht

KÜRBISKERNAUFSTRICH

Zubereitungszeit: 10 Minuten
Utensilien: 1 Twist-Off-Glas à 150 ml, abgekocht
Zutaten für 1 Glas

75 g	Kürbiskerne, geschält
45 g	Zucker
75 g	Butter, weich, in Stücken
5 g	Zitronensaft

mixtipp

Dieser Aufstrich schmeckt genial zu Baguette mit kurz gebratenem Fleisch.

1. Röste die Kürbiskerne bei mittlerer Hitze in einer beschichteten Pfanne an, bis sie ihr Aroma entfalten. Achte darauf, dass sie nicht zu dunkel werden. Lass sie in einer separaten Schüssel abkühlen.

2. Pulverisiere nun den Zucker im Mixtopf 10 Sekunden/ Stufe 10. Warte 1 Minute bevor du den Deckel öffnest, da der Zucker sonst zu sehr staubt.

3. Füge die abgekühlten Kürbiskerne hinzu und zerkleinere sie 8 Sekunden/ Stufe 10.

4. Anschließend gibst du die Butter und den Zitronensaft hinzu und vermischst alles 4 Sekunden/ Stufe 3.

5. Fülle den Aufstrich in das Glas oder fülle ihn in einen Spritzbeutel und spritze ihn in Form von Rosetten aus. Der Aufstrich ist im Kühlschrank 1 Woche haltbar.

mixtipp

Du kannst die Butter durch Kürbisöl ersetzen.

mixtipp

Statt Kürbiskerne kannst du auch Erdnüsse, Pinienkerne oder Sonnenblumenkerne nehmen.

| 2 Gläser | 35 Min. | leicht |

ROTE BETE-CRANBERRY-AUFSTRICH (VEGAN)

Zubereitungszeit: 35 Minuten
Utensilien: 1 feine Reibe, 2 Twist-Off-Gläser à 250 ml, abgekocht
Zutaten für 2 Gläser

- 7 EL Orangensaft
- 50 g getrocknete Cranberries
- 1 rote Zwiebel, halbiert
- 20 g Olivenöl
- 350 g Rote Bete, vorgekocht, aus dem Vakuumpack
- 1 Bio-Zitrone
- Salz, nach Belieben
- Pfeffer, nach Belieben

1. Zu Beginn erhitzt du den Orangensaft mit den Cranberries im Mixtopf 4 Minuten/ 90°C/ Linkslauf/ Stufe 1 und füllst die Mischung anschließend in eine separate Schüssel um. Lass diese darin 15 Minuten ziehen.

2. Währenddessen zerkleinerst du die Zwiebel im Mixtopf 4 Sekunden/ Stufe 5 und gibst das Öl hinzu. Dünste die Zwiebel darin 1 Minute/ 100°C/ Stufe 1 an.

3. Schneide die Rote Bete in grobe Stücke und gib sie zusammen mit der Orangensaft-Cranberry-Mischung in den Mixtopf dazu. Spüle die Zitrone unter warmem Wasser ab, trockne sie und reibe mit einer feinen Reibe die Schale in den Mixtopf. Presse mit einer Saftpresse den Saft aus der Zitrone und gib ihn in den Mixtopf dazu. Lass nun alles 10 Minuten/ 70°C/ Stufe 1 einköcheln.

4. Anschließend pürierst du die Zutaten 30 Sekunden/ Stufe 4 und schaltest dabei nach und nach von Stufe 4 auf Stufe 8 und 10 hoch.

5. Schmecke den Dip mit Salz und Pfeffer ab und fülle ihn dann in die Gläser. Fertig ist das Mitbringsel. Der Dip hält sich im Kühlschrank 3- 4 Tage.

CHUTNEYS & SENF

2 Gläser | 2-4 h | leicht

CRANBERRYCHUTNEY

Zubereitungszeit: 15 Minuten
Ruhezeit: 2-4 Stunden
Utensilien: 2 Twist-Off-Gläser à 250 ml, abgekocht
Zutaten für 2 Gläser

- 50 g Zwiebeln, halbiert
- 100 g Äpfel, geviertelt, entkernt, z.B. Boskoop
- 200 g getrocknete Cranberries
- 150 g Rotwein, trocken
- 20 g Balsamicoessig, rot
- 20 g brauner Rohrzucker
- 10 g Rapsöl
- 2 Prisen Salz
- 2 Prisen Pfeffer
- 1 Msp. Cayennepfeffer

1. Zerkleinere als Erstes die Zwiebeln und die Äpfel im Mixtopf 3 Sekunden/ Stufe 5.

2. Gib nun auch Cranberries, Rotwein, Balsamicoessig, Zucker, Rapsöl, Salz, Pfeffer und Cayennepfeffer hinzu und verrühre alles 2 Sekunden/ Stufe 4.

3. Lass die Mischung nun 2-4 Stunden ziehen.

4. Nach der Ruhezeit kochst du die Mischung 12 Minuten/ Varoma/ Linkslauf/ Stufe 1 auf.

5. Schmecke das Chutney mit Salz, Pfeffer und Cayennepfeffer erneut ab und verteile es, solange es noch heiß ist, in die Twist-Off-Gläser.

mixtipp
Das Chutney schmeckt sehr gut zu Käse, aber auch zur Weihnachtsgans.

7 Gläser | 2 h 15 Min. | leicht

PFLAUMENCHUTNEY

Zubereitungszeit: 15 Minuten
Ruhezeit: 2 Stunden
Utensilien: 7 Twist-Off-Gläser à 250 ml, abgekocht
Zutaten für 7 Gläser

50 g Knoblauch
1500 g Pflaumen, gewaschen, halbiert, entkernt
80-100 g Sambal Oelek, nach Belieben
100 g brauner Zucker

mixtipp
Das Pflaumenchutney passt perfekt zu Putenschnitzel oder Filet.

1. Zerkleinere als Erstes die Knoblauchzehen im Mixtopf 4 Sekunden/ Stufe 7. Schiebe die Stücke mit dem Spatel nach unten.

2. Füge die Pflaumenhälften, das Sambal Oelek und den Zucker hinzu und zerkleinere alles mit Hilfe des Spatels 5 Sekunden/ Stufe 5.

3. Lass die Mischung 2 Stunden durchziehen.

4. Nachdem die Mischung durchgezogen ist, erwärmst du sie 10 Minuten/ 100°C/ Stufe 2.

5. Schmecke das Chutney noch mal ab. Beachte dabei, dass die Schärfe nachzieht. Lass das Chutney anschließend 3 Minuten/ Varoma/ Linkslauf/ Stufe 2 weiterköcheln.

6. Fülle das Chutney, während es noch heiß ist, in die Gläser.

4 Gläser | 40 Min. | leicht

SCHARFES MANGOCHUTNEY

Zubereitungszeit: 40 Minuten
Utensilien: 4 Twist-Off-Gläser à 220 ml, abgekocht
Zutaten für 4 Gläser

- 150 g Zucker
- 10 g Wasser
- 100 g Zwiebel, geviertelt
- 2 Knoblauchzehen
- 600 g Mango, geschält, entkernt, in Würfeln
- 100 g Weißweinessig
- ½ TL Chiliflocken
- ¼ TL Ingwerpulver
- 1 TL Curry
- 3 Msp. Cayennepfeffer
- ½ TL Salz

1. Als Erstes karamellisierst du den Zucker mit dem Wasser im Mixtopf 5 Minuten/ 100°C/ Stufe 1.

2. Füge die Zwiebeln und den Knoblauch hinzu und zerkleinere alles 5 Sekunden/ Stufe 6. Schiebe die Stücke mit dem Spatel nach unten.

3. Gib nun auch Mangowürfel, Essig, Chiliflocken, Ingwerpulver, Curry, Cayennepfeffer und Salz hinzu und verrühre alles 4 Sekunden/ Stufe 5.

4. Setze das Garkörbchen als Spritzschutz auf den Mixtopfdeckel und lass das Chutney 30 Minuten/ 100°C/ Stufe 2 köcheln.

5. Fülle es anschließend noch heiß in die Gläser um.

mixtipp

Die Schärfe kannst du immer selbst bestimmen, indem du mehr oder weniger Chiliflocken oder Cayennepfeffer hinzugibst.

mixtipp

Gibst du eine ganze, frische, entkernte Chilischote hinzu, machst du daraus ein feurig scharfes Chutney!

4 Gläser | 1 h 5 Min. | leicht

TOMATENCHUTNEY

Zubereitungszeit: 1 Stunde 5 Minuten
Utensilien: 4 Twist-Off-Gläser à 250 ml, abgekocht
Zutaten für 4 Gläser

- 500 g Zwiebeln, halbiert
- 1000 g Tomaten, gewaschen, ohne Strunk
- 75 g Weißweinessig
- 500 g Zucker
- 1 ½ TL Salz
- 2 TL Sambal Oelek
- 1 TL Ingwerpulver
- 1 Msp. Muskatnuss
- 3 Knoblauchzehen, in Scheiben
- 2 Lorbeerblätter

1. Zerkleinere die Zwiebeln im Mixtopf 3 Sekunden/ Stufe 5 und schiebe die Stücke mit dem Spatel nach unten.

2. Gib die Tomaten hinzu und zerkleinere alles erneut 4 Sekunden/ Stufe 5.

3. Als Nächstes gibst du Essig, Zucker, Salz, Sambal Oelek, Ingwerpulver und Muskatnuss dazu und vermischst alles 4 Sekunden/ Stufe 5.

4. Füge nun auch die Knoblauchscheiben und die Lorbeerblätter hinzu, setze das Garkörbchen als Spritzschutz auf den Mixtopfdeckel und lass die Mischung 60 Minuten/ 100°C/ Linkslauf/ Stufe 1 kochen.

mixtipp
Das Tomatenchutney ist das perfekte Geschenk zum Grillfest.

4 Gläser | 1 h 30 Min. | leicht

TOMATEN-RELISH

Zubereitungszeit: 1 Stunde 30 Minuten
Utensilien: 4 Twist-Off-Gläser à 200 ml, abgekocht
Zutaten für 4 Gläser

- ½ TL Senfkörner
- 1 TL Fenchelsaat
- 1 Sternanis
- 500 g Tomaten, gewaschen, halbiert, ohne Strunk
- 100 g Schalotten, halbiert
- 1 Chilischote, bei Bedarf entkernt
- 40 g Staudensellerie, entfädelt, in 3 cm Stücken
- 30 g getrocknete Aprikosen, halbiert
- 50 g brauner Zucker
- 150 g Wasser
- 60 g Weißweinessig
- ½ TL Fleur de Sel, alternativ Meersalz

1. Röste als Erstes die Senfkörner und die Fenchelsaat in einer beschichteten Pfanne an, bis sie anfangen zu hüpfen. Lass diese dann in einem Schälchen 10 Minuten abkühlen.

2. Gib die abgekühlten Senfkörner und die Fenchelsaat zusammen mit dem Sternanis in den Mixtopf und mahle alles 15 Sekunden/ Stufe 10 fein. Fülle die Mischung in ein separates Schälchen um.

3. Anschließend wiegst du die Tomaten- und Schalottenhälften, die Chilischote, die Selleriestücke und die Aprikosen in den Mixtopf ein und zerkleinerst alles 5 Sekunden/ Stufe 8.

4. Füge nun Zucker, Wasser, Essig und Salz hinzu und verrühre alles 4 Sekunden/ Stufe 6.

5. Lass das Relish nun 60 Minuten/ 80°C/ Linkslauf/ Stufe 2 dicklich einkochen.

6. Anschließend gibst du die Senf-Fenchel-Anis-Mischung aus dem Schälchen in den Mixtopf hinzu und verrührst alles 3 Sekunden/ Linkslauf/ Stufe 4. Koche alles weitere 15 Minuten/ 80°C/ Linkslauf/ Stufe 2 ein.

7. Fülle das Relish dann zu guter Letzt in die Gläser. Damit ist dein Geschenk fertig!

mixtipp

Schmeckt außergewöhnlich gut zu Bratwurst und gegrilltem Fleisch.

3 Gläser | 40 Min. | leicht

RHABARBERCHUTNEY

Zubereitungszeit: 40 Minuten
Utensilien: 3 Twist-Off-Gläser à 250 ml, abgekocht
Zutaten für 3 Gläser

- 400 g Rhabarber, gewaschen
- 100 g Schalotten, halbiert
- 3 Knoblauchzehen
- 1 Chilischote, gewaschen, halbiert
- 50 g Ingwer, geschält, in Stücken
- 1 Stange Zitronengras, in 3 cm Stücken
- 20 g Olivenöl
- 50 g Rosinen
- 2 EL Apfelessig
- 50 g Agavendicksaft
- 30 g brauner Zucker
- 1 Prise Muskat, nach Belieben
- 1 Prise Zimt, nach Belieben

1. Wenn dir die Haut des Rhabarbers zu dick ist, ziehe sie ab und schneide den Rhabarber dann in 1 cm dicke Stücke.

2. Zerkleinere nun die Schalotten, den Knoblauch, die Chili, den Ingwer und das Zitronengras im Mixtopf 5 Sekunden/ Stufe 6.

3. Gieße das Öl ein und dünste die Mischung 5 Minuten/ 100°C/ Stufe 1.

4. Als Nächstes gibst du die Rhabarberstücke, die Rosinen, den Essig, den Agavendicksaft, den Zucker und nach Wunsch die Gewürze hinzu und lässt alles 30 Minuten/ 70°C/ Linkslauf/ Stufe 2 köcheln.

5. Fülle das Chutney anschließend in die Gläser.

mixtipp
Das Rhabarberchutney schmeckt gut zu hell gebratenem oder gegrilltem Fleisch.

4 Gläser | 10 h 20 Min. | leicht

HONIGSENF

Zubereitungszeit: 20 Minuten
Ruhezeit: mindestens 10 Stunden
Utensilien: 4 Twist-Off-Gläser à 250 ml, abgekocht
Zutaten für 4 Gläser

300 g gelbe Senfkörner
1 TL schwarze Pfefferkörner
350 g Wasser
60 g Honig
20 g Olivenöl
100 g brauner Rohrzucker
10 g Salz
200 g milder Essig

mixtipp
Wenn du gerne Kräuter magst, dann gib Thymian, Oregano oder dein Lieblingsgewürz dazu.

1. Mahle die Senf- und Pfefferkörner im Mixtopf 15 Sekunden/ Stufe 10. Warte 2 Minuten und mahle sie erneut 15 Sekunden/ Stufe 10.

2. Gieße das Wasser ein und verrühre die Mischung 5 Sekunden/ Stufe 5. Lass die Mischung dann am besten über Nacht im Mixtopf quellen.

3. Am nächsten Tag gibst du den Honig und das Öl in den Mixtopf hinzu und erwärmst das Ganze 3 Minuten/ Varoma/ Stufe 1.

4. Gib anschließend auch Zucker, Salz und Essig hinzu und vermenge alles 10 Sekunden/ Stufe 5. Koche die Zutaten nun 5 Minuten/ 100°C/ Stufe 2 und lass sie anschließend 5 Minuten/ 70°C/ Stufe 1 ziehen.

5. Befülle die Gläser mit dem heißen Senf und verschließe sie.

4 Gläser | 30 Min. | leicht

PHYSALISSENF

Zubereitungszeit: 30 Minuten
Utensilien: 4 Twist-Off-Gläser à 200 ml, abgekocht
Zutaten für 4 Gläser

- 500 g frische Physalis
- 200 g Zucker
- 180 g Weißweinessig
- 1 Sternanis
- 4 EL Wermut
- 2 EL Senfpulver
- 1 EL Wasser

1. Löse als Erstes die Physalis aus den trockenen Blütenhüllen und wasche sie gut ab.

2. Gib sie zusammen mit dem Zucker und dem Essig in den Mixtopf und lass alles 3 Minuten/ 50°C/ Stufe 2 kochen.

3. Zerkleinere anschließend die Mischung 50 Sekunden und schalte dabei von Stufe 1 auf 3, 5, 8 und 10 hoch.

4. Füge den Sternanis hinzu und setze das Garkörbchen als Spritzschutz auf den Mixtopfdeckel. Koche die Mischung 20 Minuten/ 100°C/ Linkslauf/ Stufe 2.

5. Entferne den Sternanis aus der Mischung. Gib dann Wermut, Senfpulver und Wasser hinzu und verrühre alles 5 Sekunden/ Stufe 5.

6. Schmecke den Senf noch mal ab und fülle ihn in die heiß ausgespülten Gläser. Verschließe diese fest. Der Senf ist darin ca. 3 Wochen haltbar.

8 Gläser | 25 Min. | leicht

PORTWEIN-FEIGEN-SENF

Zubereitungszeit: 25 Minuten
Utensilien: 8 Twist-Off-Gläser à 100 ml, abgekocht
Zutaten für 8 Gläser

350 g frische Feigen
150 g Apfelsaft
¼ TL Chiliflocken
150 g Gelierzucker 2:1
200 g Dijon-Senf, scharf
100 g Portwein
1 ½ TL weißen Balsamicoessig

1. Wasche, trockne und halbiere die Feigen und gib sie zusammen mit dem Apfelsaft und den Chiliflocken in den Mixtopf. Püriere sie darin 5 Sekunden/ Stufe 6 und lass sie dann 10 Minuten/ 100°C/ Stufe 3 kochen. Püriere sie anschließend noch mal 20 Sekunden/ Stufe 6 und schalte dabei nach und nach von Stufe 6 auf Stufe 8 und 10 hoch. Lass die Mischung nun 2 Minuten abkühlen.

2. Füge den Gelierzucker hinzu, verrühre alles 2 Sekunden/ Stufe 5 und lass die Mischung dann 9 Minuten/ 100°C/ Stufe 1 kochen. Achte darauf, dass die Masse mindestens 4 Minuten sprudelnd gekocht haben muss. Verlängere also gegebenenfalls die Einstellung unter Beobachtung um einige Minuten.

3. Gib danach den Senf, den Portwein und den Essig dazu und vermische alles 3 Sekunden/ Stufe 5.

4. Nun kannst du den heißen Senf auf die Gläser verteilen und diese fest verschließen. Der Senf ist in den Gläsern ca. 6 Monate haltbar.

2 Gläser | 8 h 5 Min. | leicht

FEIGENSENF

Zubereitungszeit: 5 Minuten
Ruhezeit: 8 Stunden
Utensilien: 2 Twist-Off-Gläser à 250 ml, abgekocht
Zutaten für 2 Gläser

- 200 g getrocknete Feigen
- 100 g Orangensaft, frisch gepresst
- 250 g mittelscharfer Dijon-Senf

1. Weiche die Feigen in einer Schüssel mit dem Orangensaft 8 Stunden ein.

2. Siebe die Feigen nach der Einweichzeit ab und fange dabei den Orangensaft in einer Schale auf.

3. Püriere die aufgeweichten Feigen im Mixtopf 10 Sekunden/ Stufe 8 und schiebe die Stücke mit dem Spatel nach unten.

4. Gib den aufgefangenen Saft und den Senf hinzu und verrühre alles 30 Sekunden/ Stufe 5. Nun kannst du den Feigensenf in die sauberen Gläser füllen.

mixtipp
Dieser Senf passt hervorragend zu Käse.

mixtipp
Du kannst den Senf durch Zugabe von Chili schärfen, mit Cranberries fruchtiger machen oder mit etwas Honig süßen.

Mit Liebe selbst gebacken
Mit Liebe selbst gebacken
Mit Liebe selbst gebacken

KUCHEN IM GLAS

4 Kuchen | 45-55 Min. | leicht

KUCHEN IM GLAS (GRUNDREZEPT)

Zubereitungszeit: 10 Minuten
Backzeit: 35-45 Minuten, 175°C Ober-/Unterhitze
Backutensilien: 4 ofenfeste Twist-Off-Gläser à 250 ml, abgekocht
Zutaten für 4 Kuchen

200 g Butter, weich, in Stücken
150 g Zucker
1 TL Backpulver
4 Eier, Größe M
1 Prise Salz
150 g Mehl
75 g Speisestärke
10 g Zitronensaft
1 Päckchen Vanillezucker
etwas Öl für die Gläser
Semmelbrösel für die Gläser

mixtipp

Die Kuchen im Glas schmecken wie frisch gebacken, wenn du sie vor dem Servieren im 180°C vorgeheizten Backofen mit Deckel 8 Minuten erwärmst.

1. Bereite als Erstes die Gläser vor. Dafür pinselst du die Gläser mit etwas Öl ein. Den Rand sparst du dabei aus. Bestreue die Gläser anschließend mit Semmelbröseln.

2. Heize den Backofen auf 175°C Ober-/Unterhitze vor.

3. Schlage nun Butter, Zucker, Backpulver, Eier und Salz im Mixtopf 20 Sekunden/ Stufe 5 schaumig auf und füge dann Mehl, Speisestärke, Zitronensaft und Vanillezucker hinzu. Rühre die Zutaten 10 Sekunden/ Stufe 4 unter.

4. Befülle die Gläser zu ⅔ mit dem Teig und backe diese dann im vorgeheizten Backofen ohne Deckel 35 Minuten/ 175°C Ober-/Unterhitze aus.

5. Führe nach Ablauf der Backzeit eine Stäbchenprobe durch. Die Backzeit hängt auch von der Stärke der Gläser ab. Wenn noch Teig am Stäbchen kleben bleibt, musst du die Backzeit um 5-10 Minuten verlängern.

6. Setze anschließend die Deckel auf die heißen Kuchen. Ist der Kuchen etwas zu hoch gebacken, drücke ihn mit Hilfe des Deckels runter. Achte darauf, dass die Glasränder und die Deckel fettfrei sind und lass sie noch 5-8 Minuten im heißen Backofen ziehen. Dieses Vorgehen sorgt dafür, dass in den Gläsern ein Vakuum entsteht und sich die Kuchen so über mehrere Wochen frisch halten. Sie sind für ca. 4 Wochen haltbar.

6 Kuchen | 45 Min. | mittel

AFTER EIGHT-KUCHEN
IM GLAS

Zubereitungszeit: 15 Minuten
Backzeit: 30 Minuten, 180°C Ober-/Unterhitze
Backutensilien: 6 ofenfeste Twist-Off-Gläser à 250 ml, abgekocht
Zutaten für 6 Kuchen

100 g Zucker
1 Vanilleschote, in Stücken
3 Eier, Größe M, zimmerwarm
125 g Öl
125 g Sahne
125 g Mehl
25 g Kakaopulver
½ Päckchen Backpulver
60 g After Eight-Täfelchen
etwas Öl für die Gläser
einige Semmelbrösel für die Gläser

1. Bereite als Erstes die Gläser vor. Dafür ölst du diese gut ein. Achte dabei aber darauf, dass du die oberen Ränder der Gläser aussparst. Streue die Gläser dann gleichmäßig mit den Semmelbröseln aus und heize den Backofen auf 180°C Ober-/Unterhitze vor.

2. Pulverisiere 50 g Zucker und die Vanilleschote im Mixtopf 15 Sekunden/ Stufe 10 und gib dann Eier, Öl, Sahne, Mehl, Kakaopulver, Backpulver, 50 g Zucker und die Minztäfelchen hinzu. Verrühre nun alle Zutaten 40 Sekunden/ Stufe 5 und befülle die Gläser zu ⅔ mit dem Teig.

3. Stelle die befüllten Gläser ohne Deckel auf ein kaltes Backrost und backe die Kuchen im vorgeheizten Backofen 30 Minuten aus. Führe nach der Backzeit die Stäbchenprobe durch und verlängere gegebenenfalls die Backzeit um einige Minuten.

4. Verschließe danach die Gläser mit den Deckeln und lass sie 8 Minuten im ausgeschalteten, heißen Backofen ruhen.

mixtipp
Du kannst die Gläser fein beschriften und mit Bändern dekorieren.

5 Kuchen | 40-50 Min. | mittel

ZARTER SCHOKOLADEN-KUCHEN IM GLAS

Zubereitungszeit: 10 Minuten
Backzeit: 30-40 Minuten, 180°C Ober-/Unterhitze
Backutensilien: 1 rechteckige, backofentaugliche Form, 5 ofenfeste Twist-Off-Gläser à 250 ml, abgekocht
Zutaten für 5 Kuchen

5 Eier, Größe M
180 g Zucker
1 Prise Salz
1 Vanilleschote, in Stücken
3 EL heißes Wasser
1 EL Speisestärke
200 g Haselnüsse, gemahlen
2 EL Kakaopulver
etwas Butter für die Gläser

1. Trenne als Erstes die Eier und gib das Eiweiß mit 1 EL Zucker und dem Salz in den fettfreien Mixtopf. Setze den Schmetterling auf die Klinge und rühre das Eiweiß 4 Minuten/ Stufe 4 steif. Nimm den Schmetterling ab und fülle den Eischnee in eine separate Schale um. Stelle diese bis zu ihrer Weiterverarbeitung in den Kühlschrank.

2. Heize den Backofen auf 180°C Ober-/Unterhitze vor. Reinige den Mixtopf und trockne ihn gut ab. Nun gibst du den restlichen Zucker und die Vanilleschotenstücke in den Mixtopf und pulverisierst alles 15 Sekunden/ Stufe 10.

3. Füge nun auch Wasser, Speisestärke, Haselnüsse, Kakaopulver und die Eigelbe hinzu und verrühre alles 1 Minute/ Stufe 5 zu einem Teig. Hebe nun auch den Eischnee 10 Sekunden/ Stufe 3 unter den Teig.

4. Fette die Gläser mit etwas Butter ein, wobei du dabei den oberen Rand aussparst. Befülle die Gläser bis zu ⅔ mit dem Teig und stelle sie in eine mit kochendem Wasser befüllte Backofenform. Stelle die Form mit den Gläsern ohne Deckel vorsichtig in den vorgeheizten Backofen und lass die Kuchen darin 30 Minuten/ 180°C Ober-/Unterhitze ausbacken.

5. Führe eine Stäbchenprobe durch. Wenn noch Teig an dem Stäbchen hängen bleibt, verlängerst du die Backzeit um 5-10 Minuten.

6. Verschließe anschließend die Gläser mit den Deckeln und lass sie 5-8 Minuten im ausgeschalteten, heißen Backofen ruhen. Die Kuchen sind ca. 6 Wochen haltbar.

6 Kuchen | 45-55 Min. | leicht

OREO-KUCHEN
IM GLAS

Zubereitungszeit: 10 Minuten
Backzeit: 35-45 Minuten, 170°C Ober-/Unterhitze
Backutensilien: 6 ofenfeste Twist-Off-Gläser à 250 ml, abgekocht
Zutaten für 6 Kuchen

Für den Teig:

- 90 g Oreo-Kekse
- 25 g Butter

Für die Füllung:

- 250 g Quark, 40 % Fettgehalt
- 200 g Frischkäse
- 70 g Zucker
- 1 EL Speisestärke
- 100 g Sahne
- 2 Eier, Größe M
- 50 g Himbeeren, frisch oder tiefgekühlt

1. Als Erstes teilst du die Oreo-Kekse und kratzt die Füllung mit einem Messer in eine separate Schale. Stelle diese bis zu ihrer Weiterverarbeitung beiseite.

2. Die Kekse gibst du mit der Butter in den Mixtopf und zerkleinerst sie 20 Sekunden/ Stufe 2. Dabei erhöhst du nach und nach die Einstellung von Stufe 2 auf Stufe 4 und 6.

3. Verteile den Teig auf die Gläser und spüle den Mixtopf aus. Heize den Backofen auf 170°C Ober-/ Unterhitze vor.

4. Gib nun Quark, Frischkäse, Zucker, Speisestärke, Sahne, Eier und die Oreo-Keks-Füllung in den Mixtopf und verrühre alles 20 Sekunden/ Stufe 4. Fülle die Hälfte der Masse in eine separate Schale und gib die Himbeeren in den Mixtopf zur anderen Hälfte dazu. Püriere diese nun darin 6 Sekunden/ Stufe 7.

5. Befülle die Gläser nun im Wechsel mit der Masse ohne und mit Himbeeren. Achte darauf, dass du sie nur zu ⅔ befüllst.

6. Backe die Kuchen ohne Deckel im vorgeheizten Backofen 35 Minuten/ 170°C Ober-/Unterhitze.

7. Führe gegen Ende der Backzeit die Stäbchenprobe durch. Wenn noch Teig am Stäbchen haften bleibt, verlängere die Backzeit um 5-10 Minuten.

8. Verschließe sofort nach der Backzeit die Gläser mit den Deckeln. Beachte dabei, dass die oberen Glasränder und der Deckel fettfrei sind. Lass sie zu guter Letzt im ausgeschalteten Backofen 5-8 Minuten ruhen.

6 Kuchen | 1 h 20 Min. | mittel

MÖHRENKUCHEN IM GLAS

Zubereitungszeit: 30 Minuten
Backzeit: 50 Minuten, 180°C Ober-/Unterhitze
Backtensilien: feine Reibe, 6 ofenfeste Twist-Off-Gläser à 300 ml, abgekocht
Zutaten für 6 Kuchen

300 g Mandeln, geschält
350 g Möhren, gewaschen, in 3 cm Stücken
4 Eier, Größe M
1 Prise Salz
200 g Zucker
1 Bio-Zitrone
15 g Amaretto
10 g Speisestärke
etwas Butter für die Gläser

1. Heize den Backofen auf 180°C Ober-/Unterhitze vor.

2. Zermahle die Mandeln im Mixtopf 10 Sekunden/ Stufe 7 und fülle sie in eine separate Schale.

3. Zerkleinere als Nächstes die Möhrenstücke im Mixtopf 4 Sekunden/ Stufe 5-6 und fülle sie in eine separate Schale. Spüle den Mixtopf gut aus. Er muss komplett fettfrei sein.

4. Trenne nun die Eier und gib das Eiweiß mit einer Prise Salz und 100 g Zucker in den Mixtopf. Setze den Schmetterling auf die Klinge und schlage das Eiweiß 4 Minuten/ Stufe 4 steif. Nimm den Schmetterling heraus und fülle den Eischnee in eine Schale um.

5. Fette die Gläser mit etwas Butter ein und streue sie mit 50 g gemahlenen Mandeln aus. Spare dabei den oberen Rand der Gläser aus.

6. Wasche die Zitrone unter warmem Wasser, trockne sie und reibe mit einer feinen Reibe die Hälfte der Zitronenschale in den Mixtopf. Presse dann mit einer Saftpresse den Saft aus der Zitrone und gib ihn zusammen mit Eigelben, 100 g Zucker und Amaretto in den Mixtopf. Verrühre nun alles 1 Minute/ Stufe 5.

7. Als Nächstes gibst du die Speisestärke und die übrigen 250 g gemahlenen Mandeln in den Mixtopf dazu und verrührst alles 4 Sekunden/ Stufe 4.

8. Füge die zerkleinerten Möhren hinzu und verrühre alles erneut 3 Sekunden/ Stufe 4.

9. Gib nun zuerst die Hälfte des Eischnees hinzu, rühre ihn 4 Sekunden/ Stufe 2 unter die Masse und gib dann die andere Hälfte dazu und verrühre das Ganze erneut 8 Sekunden/ Stufe 3. Die Masse muss gut vermengt sein. Wiederhole sonst gegebenenfalls die Einstellung.

10. Befülle die eingefetteten Gläser zu ⅔ mit der Masse, stelle sie auf ein kaltes Backrost und lass sie darauf ohne Deckel im vorgeheizten Backofen 50 Minuten/ 180°C Ober-/ Unterhitze backen. Führe nach der Backzeit eine Stäbchenprobe durch. Wenn noch Teig am Stäbchen hängen bleibt, verlängerst du die Backzeit um einige Minuten.

11. Verschließe die Gläser mit den Deckeln. Achte darauf, dass die Deckel und die Ränder der Gläser fettfrei sind und lass sie anschließend 18 Minuten im ausgeschalteten, heißen Backofen ruhen.

AROMATISIERTER ZUCKER

4 Gläser | 3 h 10 Min. | leicht

HOLUNDERBLÜTEN-ZUCKER

Zubereitungszeit: 10 Minuten
Backzeit: 3 Stunden, 40°C Ober-/Unterhitze
Utensilien: 4 Schraubgläser à 50 ml, abgekocht
Zutaten für 4 Schraubgläser

- 4 große, aufgeblühte Holunderblütendolden
- 200 g Zucker

1. Schneide die Holunderblüten frisch ab und schüttle sie vorsichtig aus, um zu vermeiden, dass sich noch kleines Getier in den Blüten versteckt. Zupfe anschließend die Blüten von den Dolden.

2. Gib die Blüten gemeinsam mit dem Zucker in den Mixtopf und zerkleinere beides 4 Sekunden/ Stufe 8. Schiebe die Stückchen mit dem Spatel nach unten. Mahle die Mischung ein weiteres mal 6 Sekunden/ Stufe 8.

3. Verteile die Blüten-Zucker-Mischung auf einem mit Backpapier ausgelegtem Backblech und lass es 3 Stunden bei 40°C Ober-/Unterhitze trocknen.

4. Anschließend gibst du die getrocknete Blüten-Zucker-Mischung wieder in den Mixtopf und zerkleinerst sie 8-10 Sekunden/ Stufe 10. Fülle die Zuckermischung anschließend in Schraubgläsern ab.

mixtipp

Dieser aromatisierte Zucker ist durch seine vielfältige Einsetzbarkeit ein tolles Geschenk. Er eignet sich zum Süßen und Aromatisieren von Desserts, Eis und Getränken.

mixtipp

Statt die Blüten-Zucker-Mischung im Ofen zu trocknen, kannst du sie abgedeckt in der Sonne trocknen lassen.

5 Gläser | 3 h 20 Min. | leicht

FLIEDERZUCKER

Zubereitungszeit: 20 Minuten
Backzeit: 3 Stunden, 40°C Ober-/Unterhitze
Utensilien: 5 Schraubgläser à 50 ml, abgekocht
Zutaten für 5 Schraubgläser

20 g voll aufgeblühte Fliederblüten, ausgeschüttelt

250 g Zucker

mixtipp
An einem sonnigen Tag kannst du den Zucker auch abgedeckt in der Sonne trocknen lassen und nicht im Ofen.

1. Achte darauf, dass der Flieder frisch und ungespritzt ist. Schüttle ihn nur aus und wasche ihn nicht. Entferne die grünen Ansätze, sonst wird der Zucker bitter.

2. Zupfe zunächst die Fliederblüten von den Dolden. Gib anschließend die Blüten mit dem Zucker in den Mixtopf und mahle die Mischung 4 Sekunden/ Stufe 8. Schiebe die Stücke mit dem Spatel nach unten und mahle das Ganze nochmals 6 Sekunden/ Stufe 8.

3. Verteile den Blütenzucker auf einem mit Backpapier ausgelegtem Backblech und trockne ihn für 3 Stunden/ 40°C Ober-/Unterhitze. Der Zucker muss absolut trocken sein. Stecke einen Kochlöffel zwischen die Backofentür, damit die Feuchtigkeit entweichen kann.

4. Gib die getrocknete Zucker-Blüten-Mischung anschließend wieder in den Mixtopf und mahle sie 8 Sekunden/ Stufe 10 fein. Fülle den fertigen Zucker in die Gläser ab.

mixtipp

Auf die gleiche Weise kannst du auch Rosenzucker herstellen.

2 Gläser | 10 Min. | leicht

HIBISKUSZUCKER

Zubereitungszeit: 5 Minuten
Utensilien: 4 Schraubgläser à 50 ml, abgekocht
Zutaten für 4 Schraubgläser

- 2 EL Hibiskusblüten, getrocknet
- 2 EL Himbeeren, gefriergetrocknet
- 2 EL Acaibeeren, gefriergetrocknet
- 1 EL getrocknete Zitronenschale
- 1 Vanilleschote, getrocknet, in Stücken
- 200 g brauner Zucker

1. Gib die Hibiskusblüten, Himbeeren, Acaibeeren, Zitronenschale, Vanilleschote und braunen Zucker in den Mixtopf und mahle alles 10-20 Sekunden und schalte dabei von Stufe 8 auf Stufe 10 hoch.

2. Fülle den Zucker in Gläschen und lagere ihn kühl und dunkel.

mixtipp

Wer mag, gibt noch etwas Zimt dazu oder wer es etwas saurer mag, gibt noch 1 TL Zitronensäure dazu.

mixtipp

Hibiskuszucker ist ein leckerer Aromazucker für Desserts, Eis, Kuchen, Marmeladen, Liköre etc. mit einer schönen pinkroten Farbe.

3 Gläser | 5 Min. | leicht

RUMKANDIS
„FÜR DIE EWIGKEIT"

Zubereitungszeit: 5 Minuten
Utensilien: 3 Schraubgläser à 125 ml, abgekocht
Zutaten für 3 Schraubgläser

- 200 g brauner Kandis
- 175 g braunen Rum, 54 % Alkoholgehalt

1. Zerkleinere den Kandis im Mixtopf 3 Sekunden/ Stufe 8. Verteile anschließend den Kandis gleichmäßig auf die drei Schraubgläser.

2. Fülle die mit dem Kandis gefüllten Gläser mit Rum auf und verschließe sie gut. Der Rumkandis kann direkt verwendet werden. Er hält sich über Monate und wird mit der Zeit intensiver im Geschmack, dabei löst sich der Kandis auf und die Flüssigkeit wird dicklicher.

mixtipp

Probiere diese Alternativen: eine Tonkabohne mit dem Kandis mahlen, eine Vanilleschote zu dem Kandis stecken, eine Prise Zimt dazugeben oder 1 EL kandierten Ingwer auf die Gläschen verteilen.

mixtipp

Der Kandis schmeckt super als Topping auf Eis oder Desserts und natürlich als Schietwetter-Tee mit Rum.

SIRUPS
& LIKÖRE

1 Flasche | 55 Min. | leicht

GRANATAPFELSIRUP

Zubereitungszeit: 55 Minuten
Utensilien: 1 Flasche à 600 ml, abgekocht
Zutaten für 1 Flasche

3 große, reife Granatäpfel
100 g Wasser
3 Zitronen
300 g Zucker

1. Löse die Kerne aus den Granatäpfeln und gib sie mit dem Wasser in den Mixtopf. Zerkleinere sie darin 40 Sekunden/ Stufe 10.

2. Presse mit einer Saftpresse die Zitronen aus. Du brauchst für den Sirup 150 g Zitronensaft. Gib diesen mit dem Zucker in den Mixtopf und koche die Mischung 40 Minuten/ Varoma/ Stufe 2 ohne Messbecher auf. Setze als Spritzschutz das Garkörbchen auf den Mixtopfdeckel.

3. Fülle den noch heißen Sirup dann in die Flasche ab.

mixtipp
Sollten dich die Granatapfelkerne stören, filterst du sie vor Schritt 2 durch ein Sieb.

mixtipp
Der Granatapfelsirup schmeckt sehr gut mit Sekt oder im Salatdressing.

2 Flaschen | 20 Min. | leicht

mixtipp

Du kannst den Sirup genauso gut mit Limetten oder Orangen herstellen. Das schmeckt auch sehr lecker.

ZITRONENSIRUP

Zubereitungszeit: 20 Minuten
Utensilien: 1 feines Haarsieb, 2 Flaschen à 350 ml, abgekocht
Zutaten für 2 Flaschen

- 5 Bio-Zitronen
- 250 g Wasser
- 220 g Zucker

mixtipp

Wenn du den Sirup etwas variieren möchtest, gib 5 Minuten vor Kochende ein paar Minzblätter hinzu.

1. Schäle zuerst mit einem Sparschäler die Schale der Zitronen hauchdünn ab. Achte darauf, dass du so wenig weiße Haut wie möglich abschälst, da der Sirup sonst zu bitter wird.

2. Presse mit der Saftpresse die Zitronen aus und wiege den Saft in den Mixtopf ein. Du brauchst etwa 250 g Zitronensaft.

3. Gib nun Wasser, Zucker und die Zitronenschalen hinzu und koche alles 15 Minuten/ 100°C/ Stufe 2 ohne Messbecher auf. Wenn du merkst, dass die Mischung zu sehr spritzt, setze das Garkörbchen als Spritzschutz auf den Mixtopfdeckel.

4. Siebe den Sirup durch ein feines Haarsieb und fülle die Flüssigkeit anschließend in die Flaschen ab.

2 Flaschen | 25 Min. | leicht

RHABARBERSIRUP

Zubereitungszeit: 25 Minuten
Utensilien: Sieb, 2 Flaschen à 800 ml, abgekocht
Zutaten für 2 Flaschen

750 g Rhabarber
1 Zitrone
550 g Wasser
300 g Zucker

mixtipp
Wenn du eine intensivere Farbe erhalten möchtest, gibst du ein paar Himbeeren oder Erdbeeren im 1. Schritt dazu und verfeinerst damit auch den Geschmack.

1. Wasche den Rhabarber und schneide ihn in 2 cm breite Stücke.

2. Presse die Zitrone mit einer Saftpresse aus und fange den Saft in einem Schälchen auf.

3. Gib nun die Rhabarberstücke mit dem Wasser in den Mixtopf und setze als Spritzschutz das Garkörbchen auf den Mixtopfdeckel. Koche den Rhabarber nun darin 15 Minuten/ Varoma/ Linkslauf/ Stufe 2.

4. Filtere den gekochten Rhabarber durch ein Sieb, und fange dabei das Garwasser in einer Schale auf. Drücke dafür den Rhabarber fest mit einem Löffel aus.

5. Gieße den aufgefangenen Saft mit dem Zitronensaft und dem Zucker in den Mixtopf und lass die Mischung 4 Minuten/ Varoma/ Stufe 3 kochen.

6. Fülle den noch heißen Sirup in die Flaschen ab und verschließe diese.

mixtipp
Der Sirup schmeckt sehr gut mit Prosecco.

3 Flaschen | 25 Min. | leicht

INGWERSIRUP

Zubereitungszeit: 25 Minuten
Utensilien: feines Sieb,
3 Flaschen à 300 ml, abgekocht
Zutaten für 3 Flaschen

250 g Ingwer, ungeschält, in Stücken
2 Bio-Zitronen
500 g Zucker
1000 g Wasser

mixtipp

Genieße den Sirup im Sommer eiskalt mit Mineralwasser oder im Winter in heißem Tee.

1. Zerkleinere als Erstes die Ingwerstücke im Mixtopf 7 Sekunden/ Stufe 7 und schiebe die Stücke mit dem Spatel nach unten.

2. Wasche die Zitronen unter warmem Wasser, trockne sie und reibe die Schale mit einer feinen Reibe in den Mixtopf. Presse mit einer Saftpresse den Saft aus den Zitronen und gib auch diesen in den Mixtopf dazu.

3. Füge auch Zucker und Wasser hinzu und vermenge alles 4 Sekunden/ Stufe 5 und koche die Mischung dann 15 Minuten/ 100°C/ Stufe 2 ohne Messbecher auf. Setze als Spritzschutz das Garkörbchen auf den Mixtopfdeckel.

4. Wenn du einen intensiven Geschmack haben möchtest, lässt du die Mischung am besten über Nacht ziehen. Ansonsten filterst du die Mischung durch ein feines Sieb und gibst die Flüssigkeit wieder in den Mixtopf.

5. Koche diese erneut 5 Minuten/ 90°C/ Stufe 3 auf.

6. Fülle dann den noch heißen Sirup in die Flaschen.

1 Flasche | 10-14 h | leicht

KAFFEEKONZENTRAT
FÜR EISKAFFEE-VARIATIONEN „COLD BREW COFFEE"

Zubereitungszeit: 5 Minuten
Ruhezeit: 10-14 Stunden
Utensilien: Kaffeefiltertüte oder feines Haarsieb, 1 Flasche à 1000 ml
Zutaten für 1 Flasche

200 g Kaffeebohnen

1000 g frisches Leitungswasser oder stilles Mineralwasser

mixtipp
Verfeinere den Frappé ganz nach deinem Geschmack mit Milch, Sahne oder Eis (Vanille, Schokolade, Nuss).

1. Mahle die Kaffeebohnen im Thermomix 4 Sekunden/ Stufe 6. Fülle das Wasser zu den Bohnen in den Mixtopf und verrühre beides 10 Sekunden/ Stufe 3. Lass die Mischung anschließend mit geschlossenem Mixtopfdeckel über Nacht ca. 10-14 Stunden ziehen.

2. Am nächsten Tag mixt du die Kaffeemischung 20 Sekunden/ Stufe 4 auf. Filtere das Konzentrat dann durch eine Kaffeefiltertüte oder ein feines Haarsieb.

3. Gib das Konzentrat in eine Flasche und stelle sie in den Kühlschrank. Kühl gelagert hält sich das Konzentrat eine Woche lang.

Für einen **Frappé** gibst du die gewünschte Menge Konzentrat mit der gleichen Menge kaltem Wasser und Eiswürfeln in den Mixtopf. Crashe die Mischung kurz auf Turbostufe. Fertig ist dein Frappé.

2 Flaschen | 20 Min. | leicht

BESCHWIPSTES HÄSCHEN – AMARETTO-SCHOKOLADEN-LIKÖR

Zubereitungszeit: 20 Minuten
Utensilien: 2 Flaschen à 500 ml, abgekocht
Zutaten für 2 Flaschen

- 80 g Zucker
- 1 Vanillestange, in Stücken
- 150 g weiße Schokolade, in Stücken
- 1 Ei, Größe M
- 500 g Sahne
- 300 g Amaretto

1. Pulverisiere als Erstes den Zucker und die Vanillestange im Mixtopf 20 Sekunden/ Stufe 10. Warte 2 Minuten bevor du den Deckel öffnest, da der Zucker sehr staubt und gib die Schokoladenstücke hinzu. Zerkleinere alles erneut 5 Sekunden/ Stufe 7.

2. Schmilz die Schokolade nun 1 Minute/ 55°C/ Stufe 1 und füge dann Ei und Sahne hinzu. Lass die Zutaten 8 Minuten/ 80°C/ Stufe 2 köcheln.

3. Gib den Amaretto hinzu und verrühre alles 3 Sekunden/ Stufe 4.

4. Lass den Likör nun 7 Minuten/ 50°C/ Stufe 2 ziehen und fülle ihn anschließend in die Flaschen ab. Bewahre diese im Kühlschrank auf. Fertig ist ein Geschenk, das man auch gerne selbst genießt!

mixtipp

Der Likör ist auch mit dunkler Schokolade ein Genuss.

1 Flasche | 25 Min. | leicht

INGWERLIKÖR

Zubereitungszeit: 25 Minuten
Utensilien: feines Sieb,
1 Flasche à 750 ml, abgekocht
Zutaten für 1 Flasche

- 50 g Ingwer, geschält, in Stücken
- 1 Bio-Orange
- 300 g Wasser
- 100 g Rohrzucker, hell
- 50 g Blütenhonig
- 450 g Doppelkorn, alternativ Weinbrand mit 40 % Alkoholgehalt

1. Zerkleinere den Ingwer im Mixtopf 5 Sekunden/ Stufe 6 und schiebe die Stücke mit dem Spatel nach unten.

2. Wasche die Orange unter warmem Wasser ab, trockne sie und reibe mit einer feinen Reibe die Schale in den Mixtopf. Presse nun mit einer Saftpresse den Saft aus der Orange und gieße diesen in den Mixtopf dazu. Gib auch das Wasser und den Zucker hinzu und erhitze alles ohne Messbecher 10 Minuten/ 100°C/ Stufe 1.

3. Erhitze anschließend die Mischung weitere 10 Minuten/ 90°C/ Stufe 1 und lass sie dann auf 37°C abkühlen.

4. Füge den Honig hinzu und löse ihn 10 Sekunden/ Stufe 5 auf.

5. Siebe die Mischung durch ein feines Sieb in eine Schale, spüle den Mixtopf kurz aus und gib die gesiebte Mischung wieder hinein. Gieße den Korn ein und rühre ihn 10 Sekunden/ Stufe 5 unter.

6. Nun kannst du den Likör in die Flasche füllen. Er ist ca. 1 Jahr haltbar.

mixtipp

Natürlich kannst du den Likör gleich genießen, aber wenn du ihn 3-4 Wochen an einem dunklen Ort lagerst, kann sich das Aroma richtig entfalten.

mixtipp

Wenn du es gerne schärfer magst, kannst du die Ingwermenge auf 150 g erhöhen.

1 Flasche | 15 Min. | leicht

MON CHÉRI-LIKÖR

Zubereitungszeit: 15 Minuten
Utensilien: 1 Flasche à 750 ml, abgekocht
Zutaten für 1 Flasche

- 10 Mon Chéri-Pralinen
- 200 g Zucker
- 200 g Sahne
- 3 Eigelb, Größe M
- 275 g Kirschwasser, alternativ Wodka, Obstler oder Kirschlikör

1. Zuerst zerkleinerst du die Mon Chéri-Pralinen im Mixtopf 5 Sekunden/ Stufe 6.

2. Gib dann Zucker, Sahne und Eigelb hinzu und verrühre alles 8 Minuten/ 80°C/ Stufe 2. Nach 4 Minuten der Laufzeit gießt du das Kirschwasser durch die Deckelöffnung ein.

3. Lass den Likör weitere 6 Minuten/ 50°C/ Stufe 3 ziehen und fülle ihn dann noch heiß in die Flasche.

mixtipp
Auch bei diesem Likör gilt: Umso länger er an einem dunklen Ort zieht, desto mehr entfaltet sich das Aroma.

mixtipp
Beschrifte die Flasche mit einem schönen Gold- oder Silberstift.

3 Flaschen | 15 Min. | leicht

SCHLESISCHER MOHNLIKÖR

Zubereitungszeit: 15 Minuten
Utensilien: 3 Flaschen à 420 ml, abgekocht
Zutaten für 3 Flaschen

60 g Mohnsamen
1 Vanilleschote, in Stücken
70 g Zucker
200 g Kaffeesahne, 10 % Fettgehalt
1 TL Kakaopulver
500 g weißer Rum, 40 % Alkoholgehalt

mixtipp

Schmeckt auf Vanilleeis besonders lecker, ist aber auch pur ein wahrer Genuss! Prosit!

1. Röste die Mohnsamen in einer beschichteten Pfanne bei mittlerer Hitze an, bis sie duften, und lass sie dann 2 Minuten abkühlen.

2. Gib dann die Vanilleschotenstücke, Zucker und den abgekühlten Mohn in den Mixtopf und zermahle alles 1 Minute/ Stufe 10. Warte 2 Minuten bevor du den Deckel öffnest, da die Mischung sonst zu sehr staubt, und füge Kaffeesahne und Kakaopulver hinzu. Verrühre alles 10 Sekunden/ Stufe 5.

3. Erwärme die Mischung jetzt 5 Minuten/ 70°C/ Stufe 2 und lass sie danach ohne Zeiteinstellung auf 37°C/ Stufe 2 ohne Messbecher abkühlen.

4. Gieße nun den Rum ein und mixe alles 5 Sekunden/ Stufe 5 durch.

5. Zu guter Letzt füllst du den Mohnlikör in die abgekochten Flaschen. Achte dabei darauf, dass du die Flaschen nicht ganz vollmachst, sodass man den Likör vor dem Gebrauch noch mal durchschütteln kann. Der Mohnlikör ist im Kühlschrank aufbewahrt ca. 6 Wochen haltbar.

3 Flaschen | 30 Min. | leicht

„HIMMLISCHER SOMMER"– ERDBEER-SAHNE-LIKÖR

Zubereitungszeit: 30 Minuten
Utensilien: 3 Flaschen à 250 ml, abgekocht
Zutaten für 3 Flaschen

75 g Zucker
1 Vanilleschote, in Stücken
300 g Erdbeeren, gewaschen, ohne Grün
300 g Sahne
150 g Wodka, 38 % Alkoholgehalt

mixtipp
Wer es hochprozentiger mag, kann die Menge des Wodkas auch auf 300 g erhöhen.

1. Pulverisiere als Erstes den Zucker und die Vanilleschotenstückchen im Mixtopf 10 Sekunden/ Stufe 10. Da der Zucker sehr staubt, warte 2 Minuten bevor du den Deckel öffnest und füge dann die Erdbeeren hinzu. Püriere diese nun 10 Sekunden/ Stufe 8.

2. Gieße die Sahne ein und erhitze die Mischung 7 Minuten/ 80°C/ Stufe 2. Lass sie im Anschluss 15 Minuten auskühlen.

3. Verrühre die Mischung 4 Sekunden/ Stufe 2 und gieße dabei den Wodka durch die Deckelöffnung ein.

4. Befülle nun die abgekochten Flaschen mit dem Erdbeer-Sahne-Likör, aber beachte dabei, dass du sie nicht zu voll machst. Es muss genug Raum übrig bleiben, damit man sie vor Gebrauch durchschütteln kann. Der Likör ist im Kühlschrank aufbewahrt etwa 4 Wochen haltbar.

ROSIGE
ZEITEN

2 Flaschen | 12 h 30 Min. | leicht

ROSENWASSER

Zubereitungszeit: 30 Minuten
Ruhezeit: 12 Stunden
Utensilien: feines Sieb, 2 dunkle Glasflaschen à 400 ml, abgekocht
Zutaten für 2 Flaschen

30-35 g Rosenblätter, ungespritzt
750 g Wasser
250 g Zucker
50 g Zitronensaft

1. Pflücke deine Rosen am besten morgens und schneide den unteren Teil vom Rosenblatt ab, da das Wasser sonst bitter wird.

2. Wiege Wasser und die Rosenblätter in den Mixtopf ein und lass es 12 Minuten/ 90°C/ Linkslauf/ Sanftrührstufe köcheln. Lass die Mischung über Nacht ziehen.

3. Erwärme das Rosenwasser am nächsten Tag 6 Minuten/ 90°C/ Stufe 1. Filtere anschließend das Wasser durch ein feines Sieb und fülle es in dunkle Glasflaschen ab.

mixtipp

Kommt dir das Rosenaroma nicht intensiv genug vor, hilf dir mit 3-5 Tropfen Rosenöl aus der Apotheke weiter.

mixtipp

Die dunklen Flaschen bekommst du in der Apotheke.

2 Flaschen | 15 Min. | leicht

ROSENSIRUP

Zubereitungszeit: 15 Minuten
Utensilien: 2 Glasflaschen à 800 ml, abgekocht
Zutaten für 2 Flaschen

750 g Rosenwasser, siehe Rezept S. 116
750 g Rohrzucker
15 g Zitronensaft

1. Koche als Erstes das Rosenwasser mit dem Zucker im Mixtopf 12 Minuten/ Varoma/ Stufe 1 ohne Messbecher auf, so dass sich der Zucker lösen kann.

2. Gib dann den Zitronensaft hinzu und vermenge den Sirup nochmals 4 Sekunden/ Stufe 3.

3. Fülle den Sirup nach der Kochzeit in die Flaschen ab und dekoriere diese nach Belieben.

mixtipp
Wenn es schnell gehen muss, kannst du den Sirup mit fertigem Rosenwasser aus der Apotheke herstellen.

2 Flaschen | 15 Min. | leicht

ROSENLIKÖR

Zubereitungszeit: 15 Minuten
Utensilien: 2 Flaschen à 750 ml, abgekocht
Zutaten für 2 Flaschen

700 g Rosensirup, siehe Rezept S. 118
250 g Roséwein, trocken
50 g Orangensaft, Zitronen- oder Limettensaft
50 g Calvados oder Cognac

1. Als Erstes erhitzt du den Rosensirup und den Wein im Mixtopf 10 Minuten/ 100°C/ Stufe 3 und gibst vor Ablauf der letzten 2 Minuten den Zitrussaft durch die Deckelöffnung dazu. Vor Ablauf der letzten Minute gibst du dann auch den Calvados hinzu.

2. Nun kannst du die Flaschen mit dem noch heißen Likör befüllen.

mixtipp

Verfeinere den Likör mit 1 EL türkischem Granatapfel- oder Himbeersirup, dann bekommt der Likör eine intensive Rosenfarbe.

Mit Liebe
handgemacht

WOHLFÜHL-
PRODUKTE

5 Flaschen | 10 Min. | leicht

KÖRPERLOTION „HAWAII"

Zubereitungszeit: 10 Minuten
Utensilien: 5 Flaschen à 140 ml, abgekocht
Zutaten für 5 Flaschen

500 g weiche, unraffinierte Sheabutter (aus der Apotheke), in Stücken
175 g Kokosöl
1 TL Zitronenöl
½ TL Bitterorangenöl
8-15 Tropfen Eukalyptusöl

1. Setze zunächst den Schmetterling auf die Klinge im Mixtopf. Gib die Sheabutter und das Kokosöl hinein und erwärme beides 4 Minuten/ 37°C/ Stufe 1, bis eine weiche Masse entsteht.

2. Füge das Zitronen-, Bitterorangen- und Eukalyptusöl hinzu und schlage die Mischung 2 Minuten/ Stufe 3 cremig auf. Fülle die Lotion anschließend in wiederverschließbare Fläschchen. Die Lotion hält sich so bis zu 6 Monate.

mixtipp
Leere Seifenspender oder andere Fläschchen eignen sich als Verpackung für die Lotion. Einfach neue Etiketten draufkleben.

1 Haarspülung | 15 Min. | leicht

OMIS ALTBEWÄHRTE HAARSPÜLUNG

Zubereitungszeit: 5 Minuten
Zutaten für 1 Haarspülung

100 g Apfelessig

200 g lauwarmes Wasser

1 EL Gelatinepulver

1. Gib den Apfelessig, lauwarmes Wasser und Gelatinepulver in den Mixtopf, vermische die Zutaten 30 Sekunden und erhöhe dabei die Stufen von 6 auf 8.

2. Die Haarspülung kannst du direkt in das nasse Haar einarbeiten. Nach 5 Minuten Einwirkzeit spülst du sie mit lauwarmem Wasser aus. Das Haar wird griffig und bekommt ein tolles Volumen.

7 Gläser | 5 Min. | leicht

KÖRPERPEELING

Zubereitungszeit: 5 Minuten
Utensilien: 7 Gläser à 120 ml, abgekocht
Zutaten für 7 Gläser

- 50 g Kakaobutter
- 500 g feiner Rohrzucker
- 150 g Sonnenblumenöl
- 6 EL flüssiger Waldhonig
- 1 TL Rote-Bete-Pulver
- 1 TL ätherisches Orangenöl
- 15-30 Tropfen Pfefferminzöl

1. Wiege die Kakaobutter in den Mixtopf ein und erwärme sie 3 Minuten/ 37°C/ Stufe 1, bis sie flüssig ist.

2. Füge den Rohrzucker, Sonnenblumenöl, Honig, Rote-Bete-Pulver, Orangen- und Pfefferminzöl hinzu und vermenge alles 15 Sekunden/ Stufe 3. Fülle das fertige Peeling in kleine Gläschen und verschließe sie gut. Das Peeling ist ca. 6 Monate haltbar.

mixtipp

Falls du keinen feinen Rohrzucker bekommst, mahle den Rohrzucker 8 Sekunden und schalte dabei stufenweise von Stufe 6 auf 8 hoch.

mixtipp

Ein tolles Sommerpeeling für Freundinnen.

1 Peeling | 5 Min. | leicht

ORANGENHAUT-KAFFEE-PEELING

Zubereitungszeit: 5 Minuten
Zutaten für 1 Peeling

3 EL Kaffeebohnen

1 EL Olivenöl

1. Mahle zunächst die Kaffeebohnen 25 Sekunden/ Stufe 10 fein. Gib anschließend das Olivenöl dazu und vermenge beides 3 Sekunden/ Stufe 4.

2. Das Peeling kannst du anschließend sofort verwenden. Verteile die Mischung kreisend auf den Oberschenkeln und lass das Peeling 10 Minuten einwirken. Spüle es anschließend mit lauwarmem Wasser ab. Die Haut wird dadurch streichzart, geglättet und gestrafft.